U0020467

成功的原則
PRINCIPLES
FOR SUCCESS

RAY DALIO

瑞·達利歐 著　　諶悠文 譯

成功的原則

作者	瑞·達利歐 Ray Dalio
譯者	諶悠文
商周集團執行長	郭奕伶
視覺顧問	陳栩椿
商業周刊出版部	
總編輯	余幸娟
責任編輯	林雲
封面設計	bert
內頁排版	林婕瀅
英文原版設計	Mark del Lama, Mio Yokota, and Christina Peabody
出版發行	城邦文化事業股份有限公司-商業周刊
地址	104台北市中山區民生東路二段141號4樓
	電話：(02)2505-6789 傳真：(02)2503-6399
讀者服務專線	(02)2510-8888
商周集團網站服務信箱	mailbox@bwnet.com.tw
劃撥帳號	50003033
戶名	英屬蓋曼群島商家庭傳媒股份有限公司城邦分公司
網站	www.businessweekly.com.tw
香港發行所	城邦（香港）出版集團有限公司
	香港灣仔駱克道193號東超商業中心1樓
	電話：(852)25086231 傳真：(852)25789337
	E-mail：hkcite@biznetvigator.com
製版印刷	中原造像股份有限公司
總經銷	聯合發行股份有限公司 電話：(02)2917-8022
初版1刷	2020年9月
初版7刷	2024年1月
定價	台幣400元
ISBN	978-986-5519-18-6（精裝）

PRINCIPLES FOR SUCCESS
by Ray Dalio
Copyright © 2019 by Ray Dalio
Chinese Complex translation copyright © 2020
by Business Weekly, a Division of Cite Publishing Ltd.
Published by arrangement with author c/o Levine Greenberg Rostan Literary Agency through Bardon-Chinese Media Agency
ALL RIGHTS RESERVED

版權所有·翻印必究
Printed in Taiwan（本書如有缺頁、破損或裝訂錯誤，請寄回更換）
商標聲明：本書所提及之各項產品，其權利屬各該公司所有

國家圖書館出版品預行編目（CIP）資料

成功的原則 / 瑞·達利歐（Ray Dalio）著；諶悠文譯. -- 初版. -- 臺北市：
城邦商業周刊, 2020.09
　面；　公分.
譯自：Principles for success
ISBN 978-986-5519-18-6（精裝）
1.成功法　2.生活指導
177.2　　　　　　　　　　　　　　　109012595

獻給我已經出生和尚未出世的孫子孫女

（以及所有覺得這本書有幫助的人）

這本書是給你們的

你正在展開一趟冒險之旅，這趟旅程叫作人生。

前方有很多事情你還沒有經歷，所以對你而言，未
來充滿未知。

因為我快要結束這趟旅程，而且一路上大都闖關成功，出於對你的關心，我想要告訴你一些可以期待的事物，分享一些讓我獲益匪淺的原則，我相信這也可以幫助你。

在人生旅途中，你需要擁有的最重要東西就是一套完善的原則。

原則是成功處理現實生活中遇到各種狀況的方法。

它們好比一套通往成功的秘笈。

每個成功的人都有一套使自己成功的原則。

在人生的旅程中，我積累了數百條原則，我在不同的書中都分享過。

我的任何成就都來自於我遵循的原則，而不是我有什麼過人之處，這些原則已經讓無數人受益，所以我相信它們也能對你有所幫助。

在這本言簡意賅的書中，我分享了自己邁向成功最重要的原則，你可以自行評估其價值，並找到適合自己的原則。

除非你想要一個任人擺布的人生，受制於人，不然
就必須自己決定要做什麼，而且鼓起勇氣去做。

這使我想到了我的第一個也是最重要的原則：

獨立思考，
同時抱著極度開放的心態

回顧我自己的人生旅程，我現在明白時間宛如一條長河，載著我們順流而下，旅途中會遇到各種現實狀況，需要做出決策。

我們無法停留，也無法迴避。

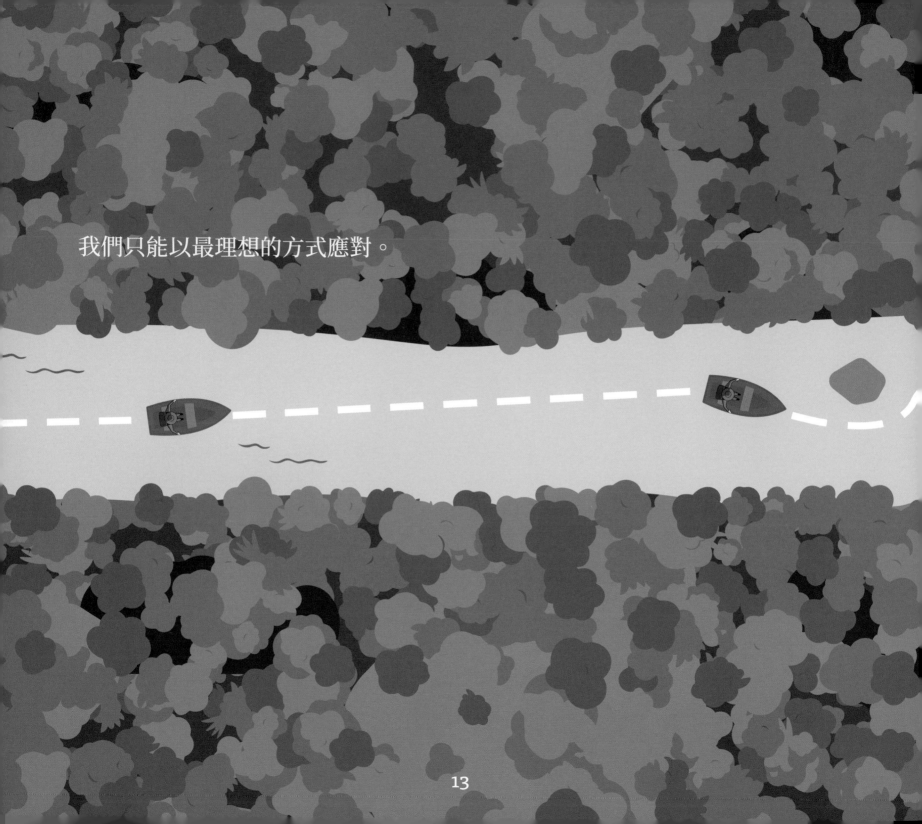

我們只能以最理想的方式應對。

13

在你的一生當中，會遇到許多大小事，需要
做無數的決策，而你的決策品質將決定你的
人生品質。

好的決策會讓你得到好的結果，壞的決策會
讓你受傷。

15

如果你夠聰明，你會從這些經歷學習
到現實運作的機制，以及妥善處理現
實問題的原則。

我並不是一開始就有屬於自己的一套原則。累積一生的經驗，我才得到這些原則……主要是從錯誤中反省而得。

從小時候開始，我就一直追求想
要的東西……

……重摔倒地……

……爬起來再向前跑

……又摔倒。

每一次摔倒，我都學到經驗……

……更進步……

……摔倒的次數少了。

一次又一次這樣摔倒—反省—累積經驗—繼續前進，我漸漸愛上這個過程，連跌跌撞撞都讓我甘之如飴。

我還學會把難題視為謎題，如果解開謎題，就得到像寶石般的寶貴經驗。

謎題是「下次碰到這種情況，我該怎麼辦？」謎題解開後，我得到的寶石是一條日後讓我獲益的原則。

我的生活和工作原則就是這樣得來的。我把這些原則寫下來，並且不斷改進。

我建議你也這樣做。

這個過程教會我最基本原則中的一項，那就是……

知道事實是什麼，這對於做出正確
決定至關重要。

知道事實是什麼，也就是了解現實的運作機制。為了成功，我們必須遵守自然規律，這些自然規律並不是由人類所創造的，但如果我們能理解自然規律，就能夠加以利用來實現目標。

這使我成為一個超級現實主義者：擁抱現實，沈著應對，而不是一味希望情況有所不同，抱怨現狀不如人意。

這使我想到了第三個原則：

夢想＋現實＋決心

＝成功的人生

換句話說，如果你一直專注於實現自己的夢想，勇於承擔並且去理解影響你的現實問題，找到妥善處理的方法，進而下定決心去做，你就學會了足以造就成功人生的原則。

那麼成功的人生是什麼？

我們每個人都必須自己決定成功的定義。我不在乎你想成為「宇宙的主宰」……或悠閒地住在棕櫚樹下……還是有其他追求。我真的無所謂。

你想要過什麼樣的人生，這得由你來決定。我只是希望你快樂和健康，將自己的進化發揮到極致，同時促進人類整體進化。

不過，無論你選擇走哪一條路，務必要擁抱現實……

尤其是當你希望那不是真的時候，更要沈著應對。

起初，遇到問題、犯下錯誤和自身的弱點都會讓我十分痛苦，主要是因為我一味希望這一切都不存在。

後來，我才體會到痛苦是一個信號，表示我需要痛定思痛，找出最佳解決方案，面對現實處理問題。

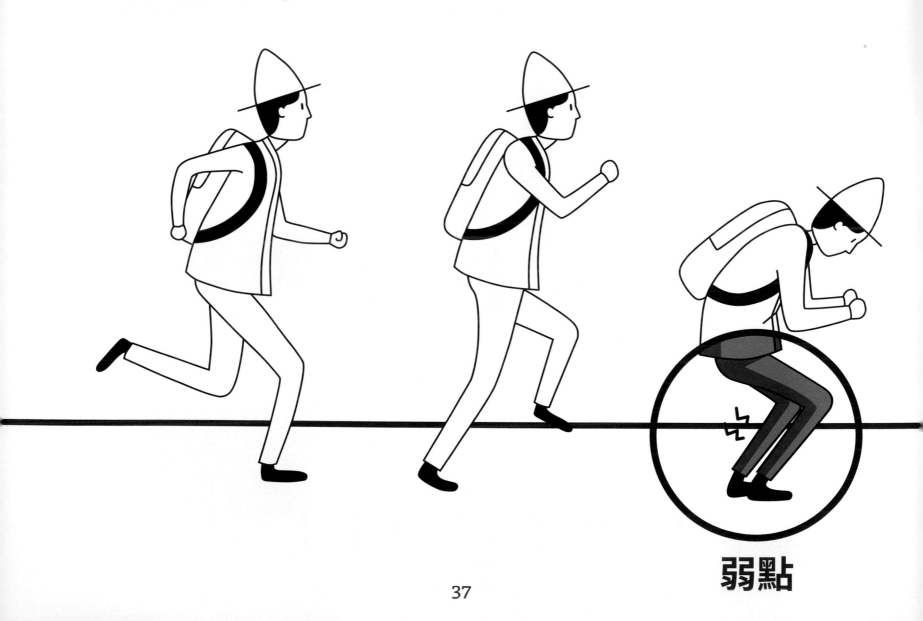

弱點

那時我才知道：

痛苦
＋
反省
＝
進步

我發現要達成目標，只需遵循「五步流程」。

第一步
目標

第一步是確定你的目標，並朝目標前進。雖然你想要的東西大都可以擁有，但你不能每樣都要，所以你需要理出優先順序。什麼是最好的選擇，取決於自己的熱情、優勢和弱點，因此你需要真正了解自己，知道如何兼顧目標與個人欲望，好決定未來的人生道路。前方總有適合你的康莊大道。你只需要好好省思，透過不斷的嘗試，從錯誤中學習，有決心達成目標，就能找到你的人生道路。

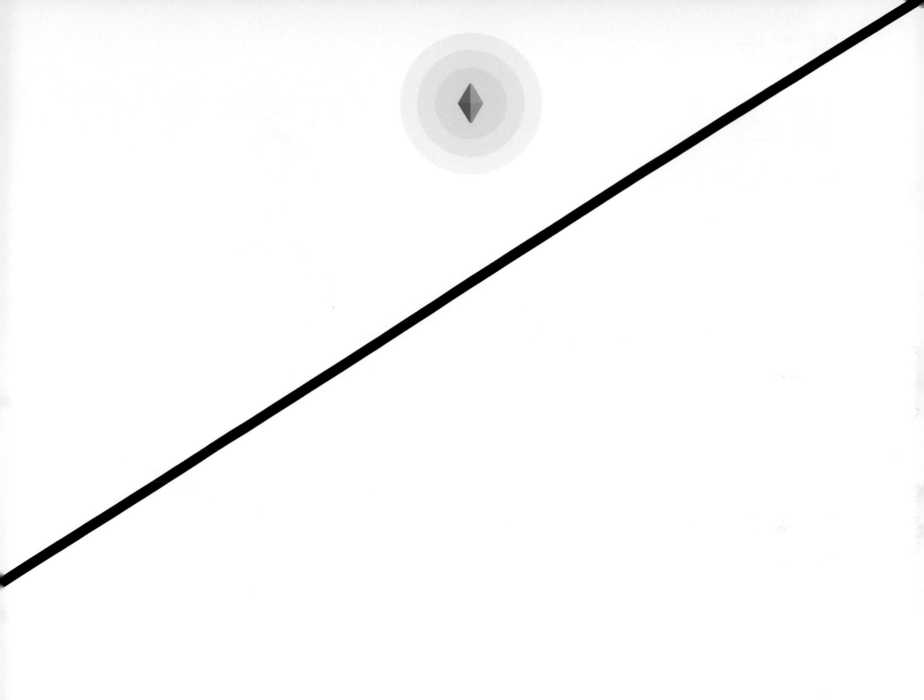

第二步
問題

第二步是找到阻礙你達成目標的問題。一路上總是會有各種問題發生，通常會令人痛苦。為了要進化，你需要確認問題，不要容忍問題存在。

第三步

診斷

第三步是診斷問題，找出根本原因。有時是你或他人的弱點所造成，所以必須考慮這種可能性。要記得，這趟進化之旅需要了解你是哪裡做得不好，然後調整修正。不管是什麼問題，你都需要查清楚並且加以解決。

第四步
設計

第四步是設計方案，以解決妨礙你前進的問題。

第五步
執行

第五步是執行你所設計的解決方案，
督促自己去做需要完成的事情。

成功的人生需要你一次又一次完成這五個步驟。做好這五個步驟自然會經歷跌宕起伏和不斷改進，從而使你的個人進化邁向成功的更高階關卡。對我來說，進化看起來像這樣：

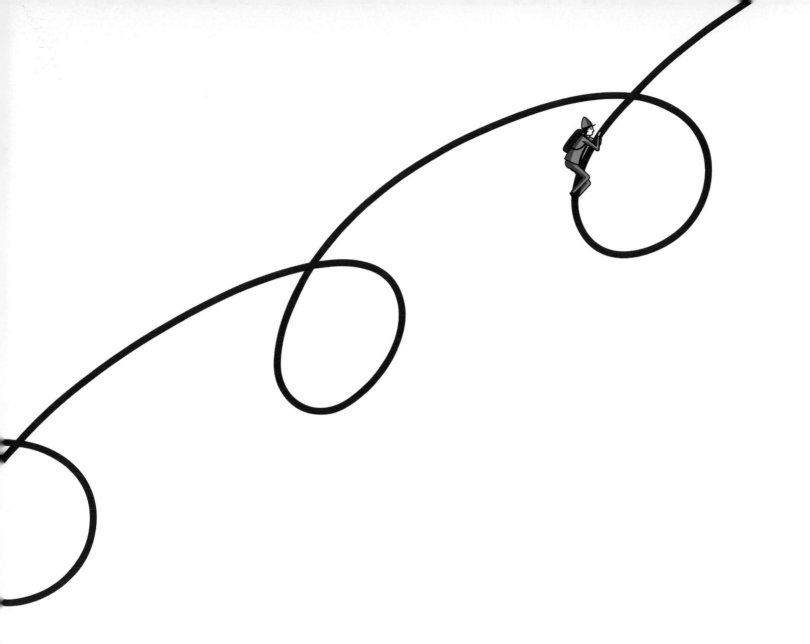

到處都看得到這五步流程，
包括任何產品、組織或你認
識的人。

這是自然法則。

進化就是適者生存的過程。

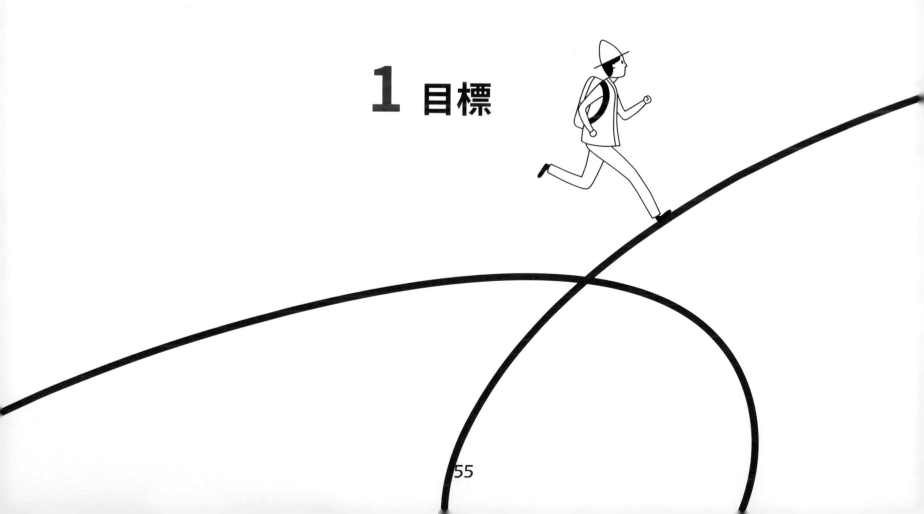

1 目標

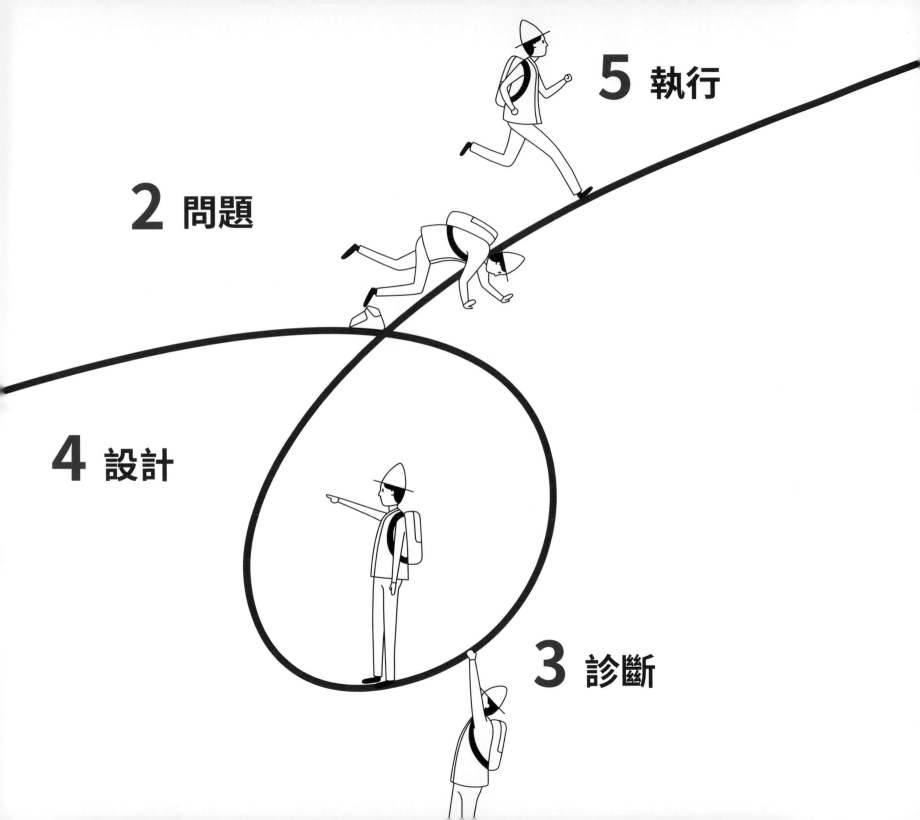

5 執行

2 問題

4 設計

3 診斷

完成這個流程，你將升級至更高階的
關卡，面臨的挑戰也更大。

當然，你爬得越高，摔得就越重。

我們都有身處逆境的時候，端看我
們如何應對，逆境可以毀了我們……
或者激勵我們變得更好。

成功突破逆境，還是一蹶不振，取決
於我們是否願意客觀面對失敗，做出
正確的決定。

我最大的挫敗發生在 1982 年，當時我孤注一擲，押注經濟會走向蕭條，經濟蕭條卻從未來臨。

當時金融市場劇烈動盪，我相信美國經濟（牽動全球經濟）會陷入危機。

當時這個觀點極具爭議。在外界關注下，我冒險一搏……結果大錯特錯。美國經濟迎來史上最繁榮的高成長期。

這次壓錯寶就像頭被球棒一陣痛打。
我不得不向我的父親借四千美元來
付帳單⋯⋯

更糟糕的是，我必須讓我在乎的人離開，
我的公司只剩下一個員工：我。

我不知道該怎麼辦。我應該繫上領帶去華爾街找
工作，放棄我為自己工作的夢想？

犯了這樣的錯誤，而且是在眾目睽睽之下，
我慚愧得無地自容。

一次陰溝裡翻船就讓我前功盡棄。我看不到一條合適的道路，可以帶給我想要的報酬、而又不會帶來超過我能承受的風險。

報酬

風險

這樣的事情將來很可能發生在你身上。你可能失去某樣東西，覺得自己活不下去，抑或生一場大病、身受重傷，或是眼睜睜看著自己的事業垮掉。

你可能以為你的人生毀於一旦，走投無路……

但是再大的難關都會過去……

前面總有一條最好的路，儘管你可能還沒看到。

為了找到這條路，你只需要靜下心來，深刻反省……

……然後擁抱現實，妥善處理，沈著應對。

痛苦使我反思事情的運作方式，這幫助我
進行通盤考量。

我知道所發生的一切都有因果關係，而發
生的種種事情又導致其他事情發生，因此
現實就像一台恆常運轉的機器。

而現實真的是如此。

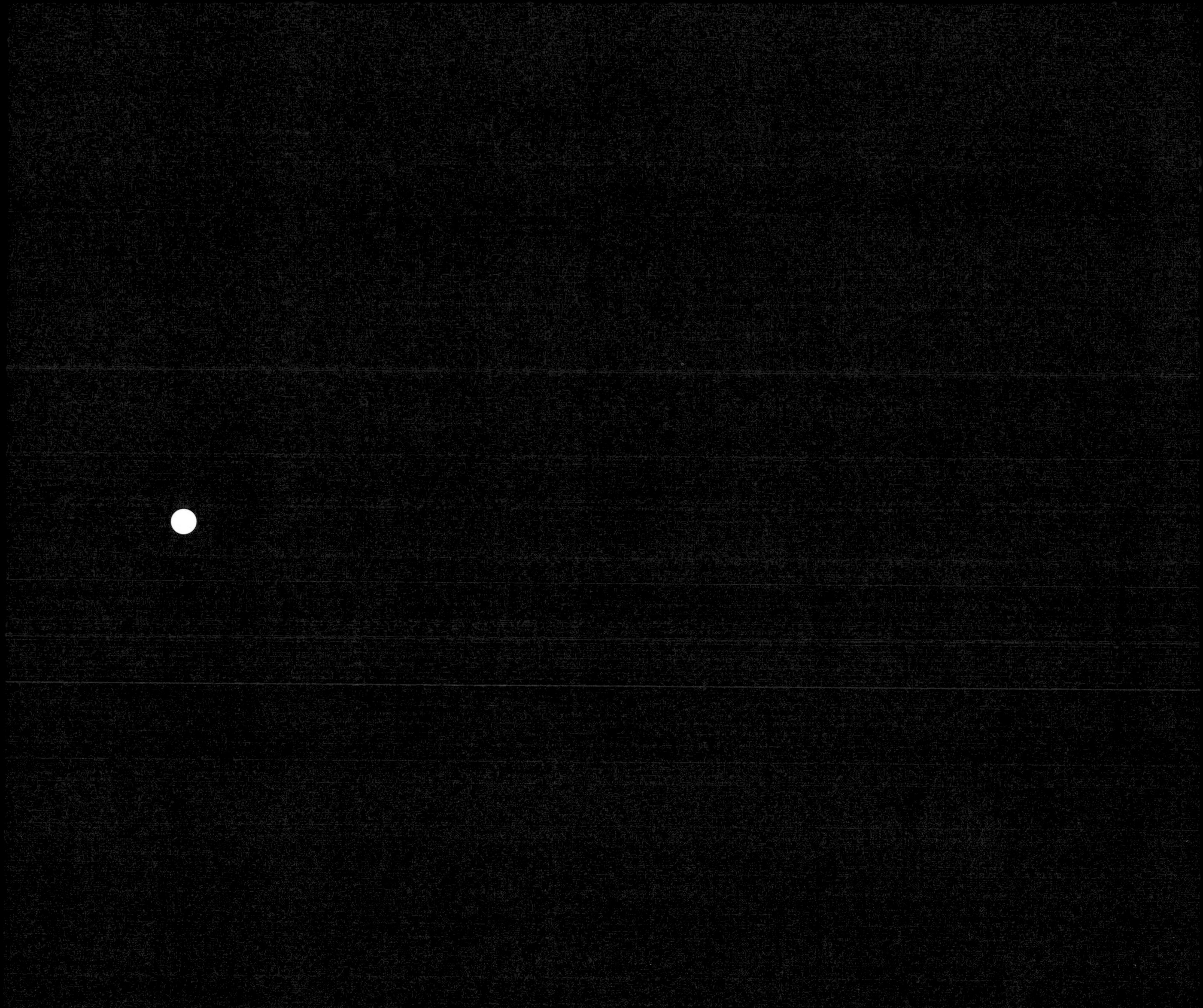

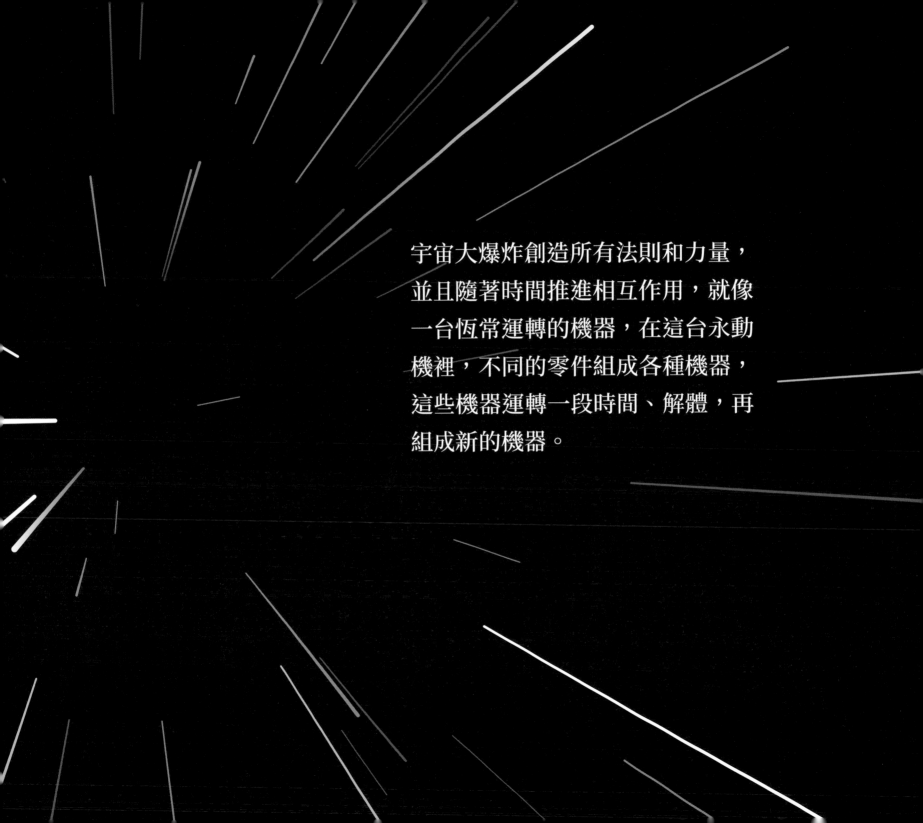

宇宙大爆炸創造所有法則和力量，
並且隨著時間推進相互作用，就像
一台恆常運轉的機器，在這台永動
機裡，不同的零件組成各種機器，
這些機器運轉一段時間、解體，再
組成新的機器。

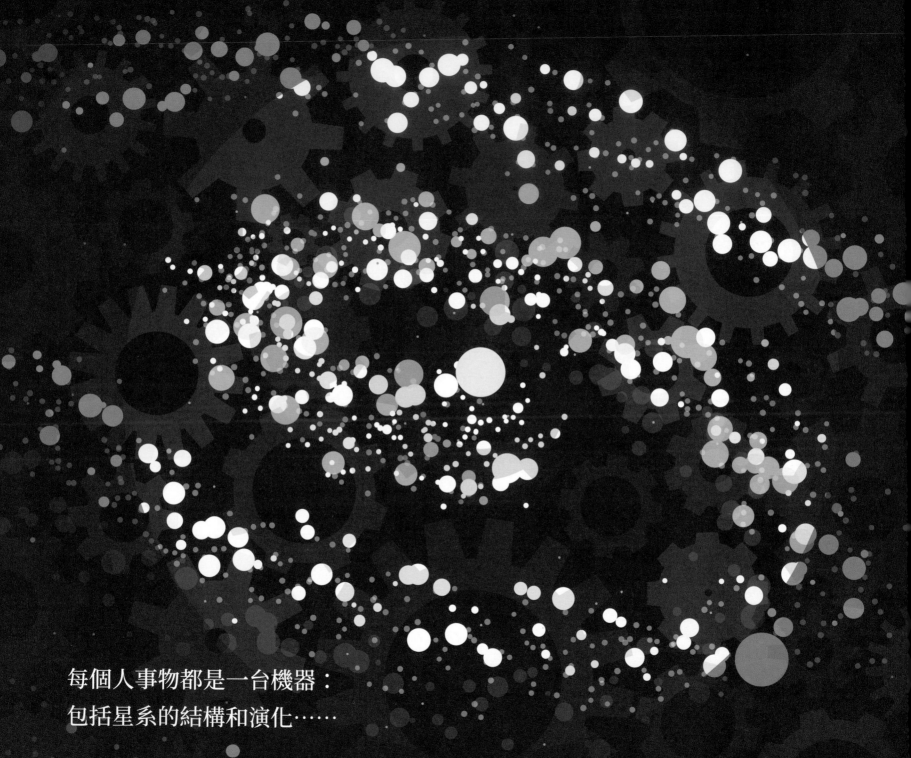

每個人事物都是一台機器：
包括星系的結構和演化⋯⋯

……太陽系的形成，地球的地理和生態系統的構成……

……乃至我們的經濟與市場……

77

……以及我們每一個人。

我們每個人都是一台機器，是由
不同機器——人體的循環系統、神
經系統等——組成，它們創造出思
想、夢想、情緒以及其他一切。

所有的機器一起進化，進而產生我
們每天遇到的不同現實狀況。

這聽起來像哲學，但其實很務實，
因為這是全方位的觀察，幫助我更
有效處理現實問題。

我觀察到同樣的事情一再發生，方式略有不同——有些事情短週期（例如一天二十四小時）循環，很容易察覺……

……還有些事情十分罕見，我們一輩子都遇不到，一旦發生（就像百年一遇的金融風暴），就覺得驚天動地。

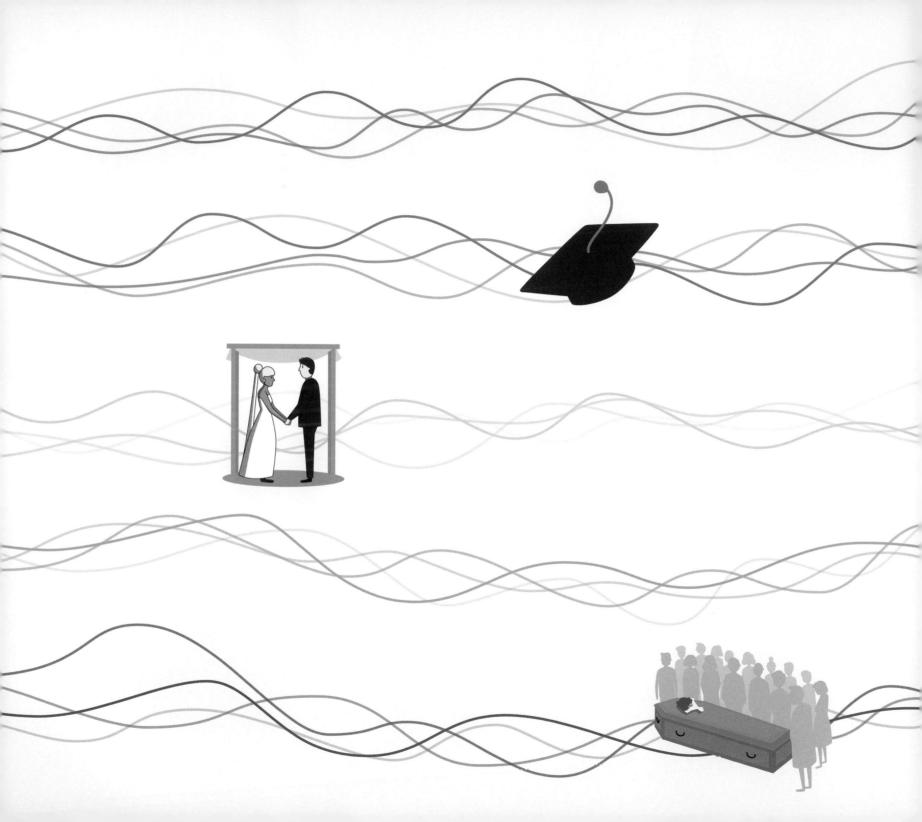

我不把紛至沓來的問題視為狀況百出，而是把每次的狀況當成「情景再現」。我會去了解其中的因果關係，歸納出我可以用文字和電腦程式表達的處理原則。

出售

我觀察到人們會受近期經驗的影響而忽略掉很久沒有發
生的事件，尤其是如果他們沒有遇到過。

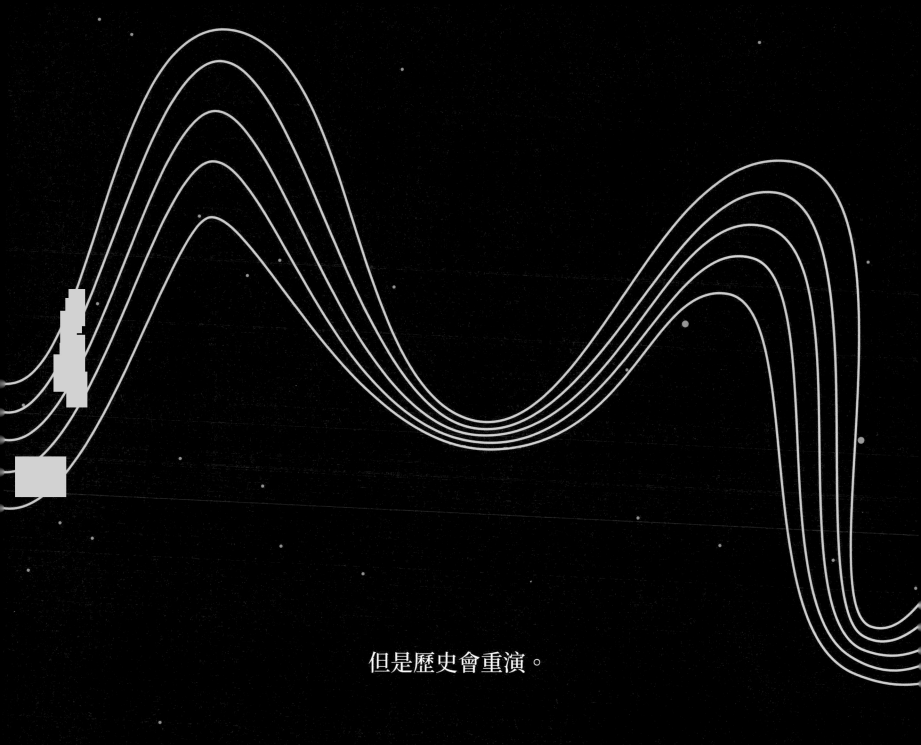

但是歷史會重演。

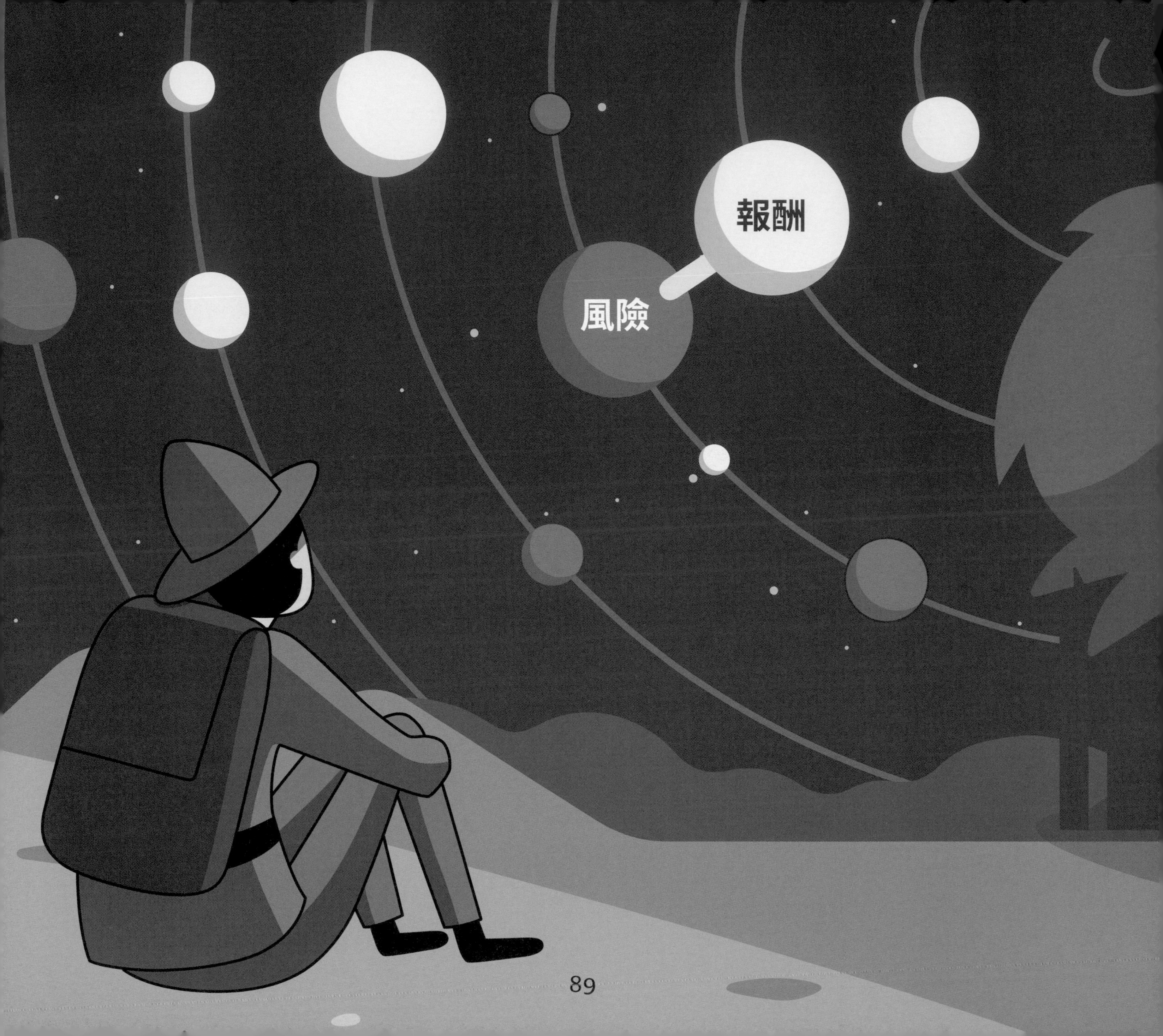
報酬
風險

我在考慮如何在風險和報酬之間
取得平衡的時候……我意識到高
報酬自然伴隨高風險。

我了解到要成功就要勇於冒
險……知道如何在風險與報酬之
間取得適當的平衡，是創造美滿
人生不可或缺的元素。

想像一下，你站在人生的十字路口。如果你留在原地，可以安穩過平凡日子。或者你冒險穿越一個危機四伏的叢林，如果成功到達另一邊，可以享受美好人生。

你的選擇會是什麼？

我不能告訴你哪條路最適合你。我們每個人都必須自己做決定。

至於我，我要盡可能活出美好人生，所以我要弄清楚如何完善處理高風險高報酬的問題。

要穿越這座危險叢林，我不能只
用自己的角度看事情，需要有更
開闊的視角。可是每個人都會遇
到兩大障礙……

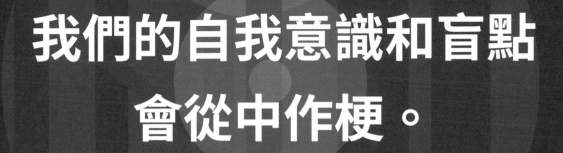

我們的自我意識和盲點
會從中作梗。

自我意識作祟，使我們不願承認
自己的弱點。

95

我們總想向別人證明自己是對
的，覺得這比知道什麼是事實
更重要……所以我們未經檢驗
就對自己的觀點深信不疑。

我們尤其不喜歡面對自己的錯誤和弱點。當別人指出我們的錯誤和弱點時，基於本能，我們傾向把這當成攻擊。

這導致更糟糕的決策、學習效果
事倍功半，潛力也無法充分發揮。

人有盲點，是因為不同的人看事
情的角度是不同的。只憑一人之
力並不能看清身邊所有的威脅和
機會，這是再簡單不過的道理。

總有人能看到你沒注意到的問題，
取得他們的幫助，就能用更開闊的
角度看事情。

我知道，要在人生的叢林中避開危
險與掌握機會，集思廣益很重要。

原本我喜歡證明自己是對的，可是為了達成目標，我不得不轉念，換成熱愛學習什麼是事實。

所以我尋求那些最有想法但與我意
見不同的人協助。

我想要了解他們的看法，也讓他們了解我的觀點……這樣我們可以一起查明事情的真相，找出因應對策。處理「深思熟慮過後的意見分歧」是門藝術，我想要學習。

從只站在自己的角度看事情……
到站在這些有想法的人的角度看事情……

……我眼前的景物彷彿從黑白……

……變成彩色。

整個世界亮了起來。

那時我才領悟，穿越人生叢林的最
好方式，是與一群看事情角度與我
不同的有識之士結伴同行。

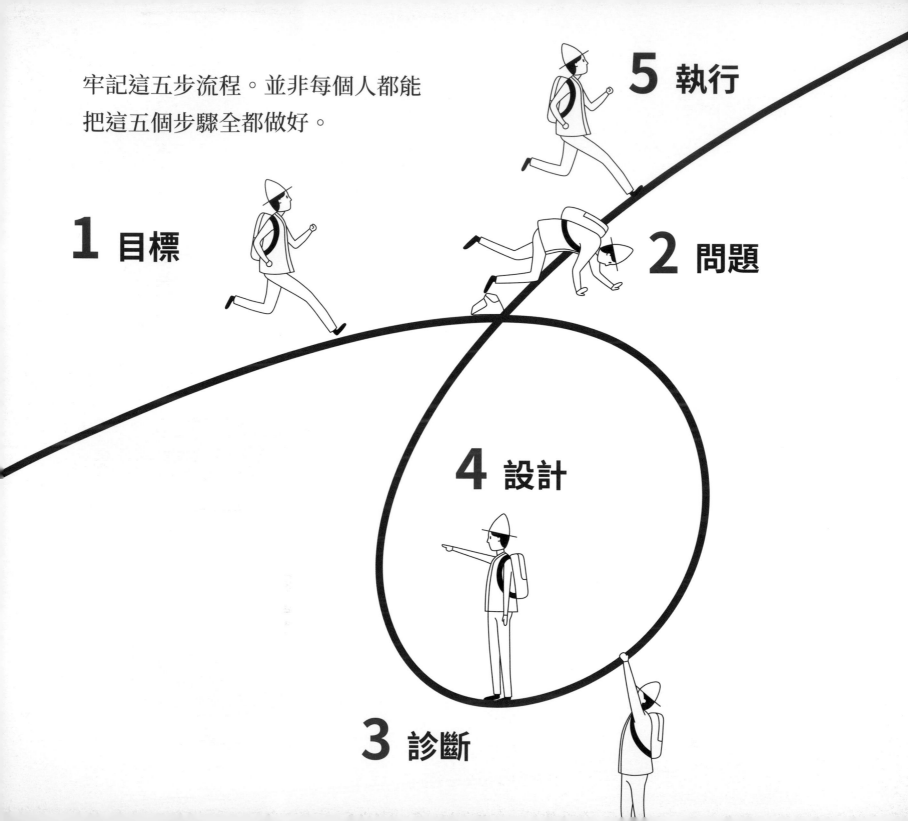

牢記這五步流程。並非每個人都能
把這五個步驟全都做好。

1 目標

5 執行

2 問題

4 設計

3 診斷

但是你可以跟別人合作，截長
補短。

只要你不再固執己見，願意敞開心胸去了解別人的觀點。
這種極度開放的心態，大大改善了我的決策品質。

我也學到，沒有什麼比這更棒的了：跟一群你在乎而且對彼此極度真實和極度透明的隊友，一起成就共同目標。

116

所以我創辦一家公司，打造獨特的「創意擇優」決策機制，經營得很成功。那是因為在「創意擇優」的環境，可以人盡其才。

獨立思考是受到歡迎的，而且建立了一個有效的流程，能
夠化解彼此的歧見以取得最佳成果。

我見過其他的成功人士，我發現他們的人
生之旅跟我的相似。

他們都努力奮鬥，也都有弱點，他們都與
別人合作，取他人之長補自己之短，從而
發現自己發現不了的風險和機會。

在追求夢想的路上，你必定會遭遇
痛苦的失敗。而這些挫折是對你的
考驗。

面對挫折的反應因人而異。

有些人會去探究挫折
產生的原因，學習寶
貴的教訓……

……有些人則認為這
場遊戲不適合他們，
就此放棄。

接下來幾年，我有一個更不可思議的
發現。我了解到成功不是達到目標。

我們追求的目標只是誘餌……為了達到目標，與我們在乎的
人合作，促使個人進化並發展出有意義的人際關係，這才是
真正的回報。

我不再想穿過叢林到另一邊，享受
美好的報酬。我想留在叢林裡，與
我關心的人一起努力奮鬥。

接下來，使命的達成和別人的福祉，
變得比我自己的成功更重要。

然後我開始看清我的人生曲線圖，
看到自己以外的人與整個社會。這
使我希望在沒有我的時候，別人也
能夠成功。

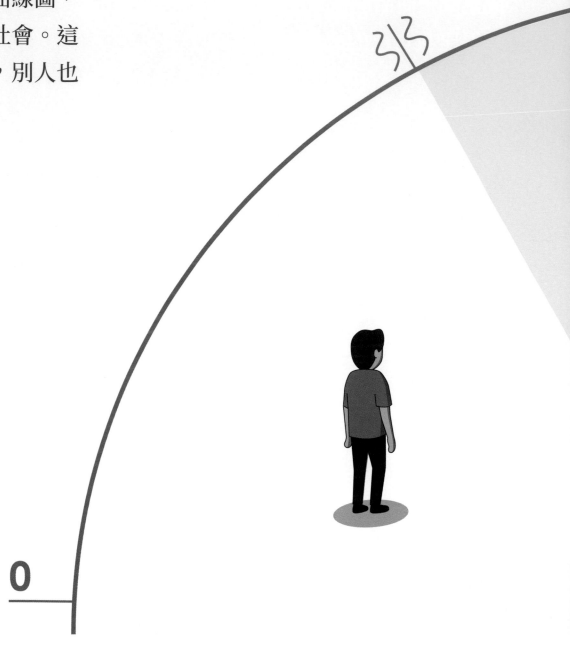

0

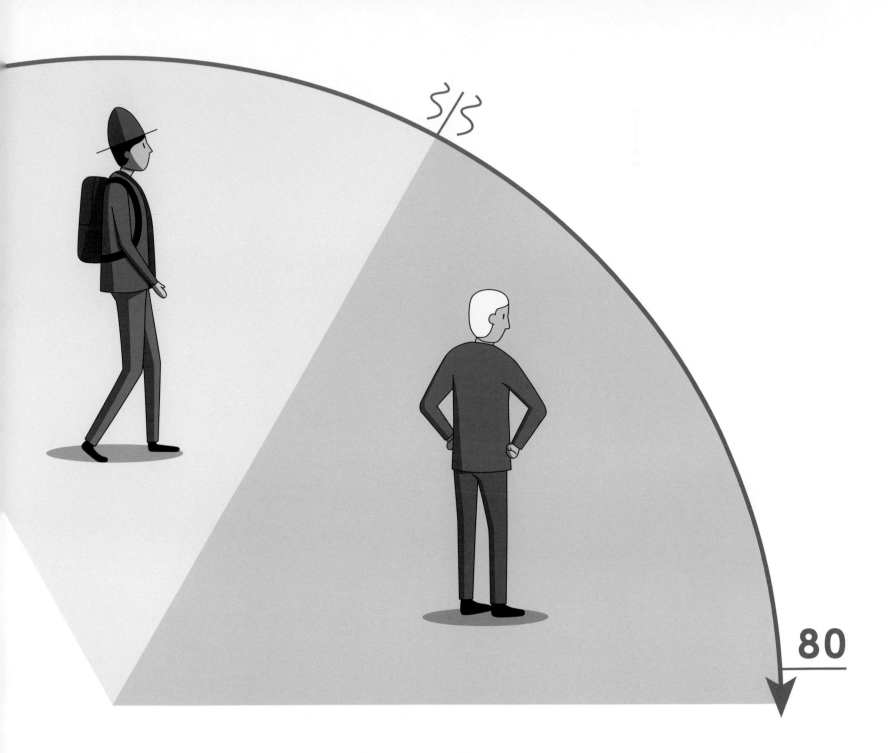

我如今身在這裡，把這些原則傳達
給你，原因就在於此。

回顧我的人生，我看到我們在不同
時期為不同的事情苦惱，直到我們
個人進化，進而成為促成整體進化
的一部分。

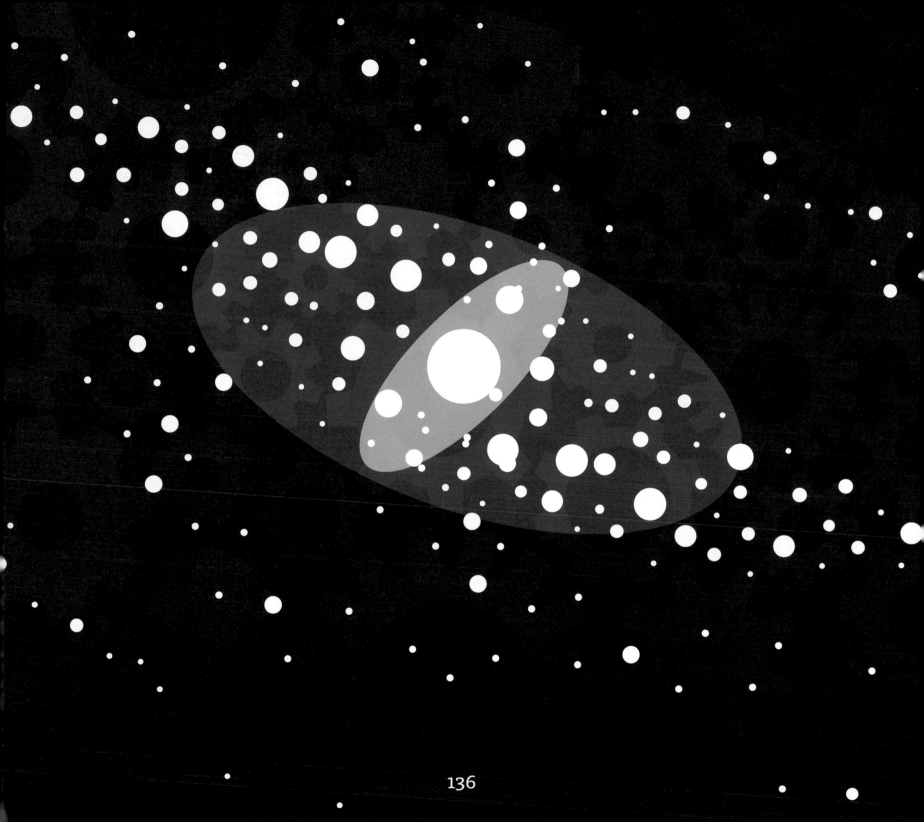

所有的機器最終解體，舊機器的零件回到系
統中，變成新機器的零件。

有時候，這讓我們覺得難過，因為我們已經對原有的
機器有了依戀之情，但是如果你從更高的層次來看，
觀察這台進化機器如何運作，會感受到它的美。

這個時候的你和你的冒險旅程，是讓我最感振奮的。

不要再想這些原則來自何處，只要問它們是否對你有幫助，再根據你的需求不斷精進。不管怎樣，一定要選擇你自己的原則，寫下來，讓它們跟著你進化。

我只希望你遵循適合自己的一套原則生活，
這些原則將幫助你決定做什麼，給你勇氣去
做該做的事情。

繼續探索原則：

認真思考對你有益的原則

擁有自己的原則

你認為擁有一套讓你獲益的原則是重要的事嗎？

你要從何處去得到你的原則？

你認為把自己的原則寫下來，而且不斷檢討反省改進是好主意嗎？你覺得自己會這樣做嗎？

了解並擁抱現實

就算事與願違，也要接受既有的現實，這點你做得如何？

大多數事情因為類似的原因而反覆發生，這點你同意嗎？

你認為，藉由認真思考這些模式，並參考別人對這些模式的反思，你可以學到有助於你處理現實狀況的原則，讓你更成功嗎？

避開你的兩大絆腳石

你會固執己見，還是會堅持了解真實情況？

你認為，處理深思熟慮過後的意見紛歧是否可以獲取絕佳想法？這點你能做到嗎？

你有多麼擅長這件事：從別人的角度看事情，以盡可能獲致最佳思考？

你想要學會面對、接受並克服逆境嗎？

達利歐的其他原則精選

你只要心態夠開放包容，而且有決心，幾乎可以心想事成。

不要擔心面子問題，而是要擔心達不到目標。

痛苦 + 反省 = 進步

夢想 + 擁抱現實 + 決心 = 成功的人生

有意義的工作和有意義的人際關係，是最大的資產和最大的回報。

打造允許犯錯，但不容忍罔顧教訓、一錯再錯的文化。

不被你的自我意識和盲點所蒙蔽。

你應該態度開放，不抱成見，同時又有主見。

為結果負責。

總是有一條好路子可走。如果你尚未發現，只要在他人的幫助下，繼續抱持好的方式尋找即可。

關注那些和你觀點不同但可信度最高的人，試著了解他們的邏輯。

遵循五步流程以獲致成功：1）制定目標；2）確認問題，不要容忍問題存在；3）診斷問題，找出根本原因；4）設計解決問題的方案；5）執行。

如果你與別人合作，用他人的優點來彌補自己的缺點，一遍又一遍地做好這五步流程，你將會成功。

你幾乎可以擁有任何想要的東西，但不能什麼都要，因此需要理出優先順序。

每個人都有缺點和優點。

大多數人犯的最大錯誤就是無法客觀地看待自己和別人，導致他們一次又一次栽在自己或他人的弱點上。

透過以下兩種方法，可以避免你的弱點阻礙你前進：1）與別人通力合作，擷取別人的優點來彌補你的缺點，或者 2）把自己的弱點變成強項。通常第一種方法最好。

要了解，每個人的思考方式差別很大——因此向與你看法不同的聰慧人士請益，才是明智之舉。

要記得，好的夥伴合作關係中，體貼和慷慨比金錢更值得。

要記得，金錢的確非常重要，你要累積足夠的財富來照顧自己和所關心的人，而且你所需要的金額會比預期的要多，因為可能會低估自己的需求，高估了最後得到的成果。所以審慎計算，然後把你計算出來的金額加倍，定為預算。

把工作和熱情融為一體，並和志同道合的人一同努力。

不能妥協的事你就要堅守立場，妥協不可能會成功。

落實極度真實和極度透明。

分享最難分享的事。

絕對不要私下抱怨和暗地批評。

要記得，大部分人會假裝是為了你而工作，實際上是為自己的利益工作。

不進化，就死亡。

了解你和你所關心的人在你的人生曲線中的位置，進行通盤考量並為未來做好規畫。

練習你的人生旅程

這個練習是為了幫助你把自己的人生和所關心的人的人生納入通盤考量，並對未來做好計畫。

正如我在這本書前面所說的，大多數事情一再發生，都是出於幾乎相同的原因，所以想要了解任何事情，如果先搞懂一個典型的案例是如何展開，並觀察其中的因果關係，會很有幫助。在這個練習中，我要請你看看典型的人生旅程，省思你自己的生活，以及你可能會遇到的問題。

下一頁是典型的人生曲線。從出生到死亡依時間順序排列。為了讓自己有方向感，估計一下你目前在人生曲線上的位置。你不必估計得很精確，因為人生本來就是說不準。並非所有人的人生之旅都一樣，但十之八九相似。這段旅程前後歷時約八十年，分三個階段發展，兩個階段之間約有五到十年的過渡期。

第一階段，你在學習而且依賴他人。接下來第二階段，你開始工作，別人依賴你。那是你最努力追求成功的時候。進入第三階段，你想幫助所關心的人在沒有你的情況下獲得成功，你認為這比自己成功更重要。這是因為那時是他們的第二階段，能夠獨立自主獲致成功對他們是最好的事。而你正處於第三階段，已完成應盡義務而無事掛心，對你是最好的安排。

接下來的幾頁，我們將深入探索每一個階段。然後我會讓你對未來做一些想像。在思考這些階段時，看看一般人所經歷的事情與你自身遭遇符合的程度，特別是在關鍵時刻，因為當時的選擇——比如，你是否從高中或大學畢業，從事什麼職業，是否有孩子等等——都會對你日後的生活產生重大影響。

第一階段

在第一階段，你依賴那些為你進入人生第二階段做好準備的人。這些年的發展對你的喜好和性格養成有很大的影響，並給予你基本的能力和技能。通常這一階段的初期要比後期的高中歲月更輕鬆，因為高中時期你要準備迎接接下來的挑戰。上高中以後，你自然會追求更獨立的生活，而且受到荷爾蒙變化影響，更容易吸引異性，也容易受異性吸引。因此，你的高中生活會其樂無窮，然而對你和你父母來說，也是最具挑戰的時期。接著，你念大學，或者選擇進入職場，直接進入第二階段。如果你進大學，交友的自由與樂趣會多很多，並接受更多知性上的啟發。大學時期，你是被引導，因為你所讀的課程和大部分生活都是為你安排好的。當你完成學業後開始工作，就跨入下一個階段。

現在請花點時間勾選下一頁的表格，在你已經通過的重要關卡空白方框內逐項打勾。

0
~80

你的筆記與反思

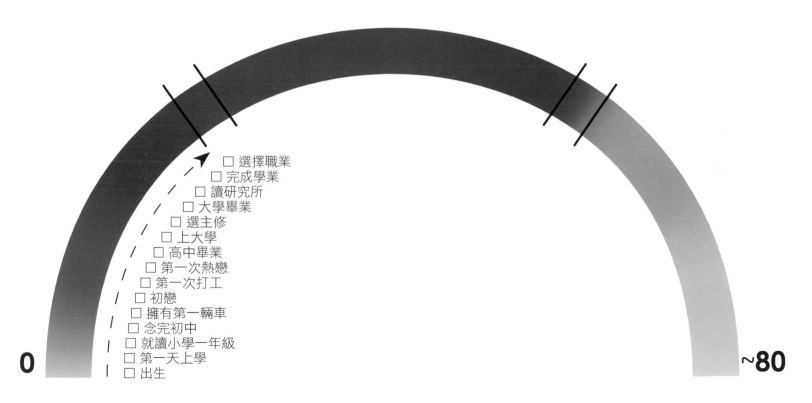

□ 選擇職業
□ 完成學業
□ 讀研究所
□ 大學畢業
□ 選主修
□ 上大學
□ 高中畢業
□ 第一次熱戀
□ 第一次打工
□ 初戀
□ 擁有第一輛車
□ 念完初中
□ 就讀小學一年級
□ 第一天上學
□ 出生

0

~80

第二階段

在第二階段，你將努力取得成功，而其他人將依賴你。在第二階段的初期，你將不再被引導，可以隨心所欲做廣泛的選擇。你可以想住哪裡就住哪裡，從事任何工作，想和誰在一起就和誰在一起。換句話說，你幾乎可以做任何你想做的事情。 二十歲中期是人生中最快樂的時期之一。你會談戀愛，很可能覓得與你攜手共度一生的伴侶。繼續朝第二階段中後期前進，你在職場和感情生活做出更多的承諾，承擔起更多的責任，所以你不能像以前那麼自由的選擇，工作與生活的平衡變得越來越有挑戰性。你可能離婚，婚變通常發生在二十五歲至四十歲的年齡層，這不是愉快的經驗。四十五歲到五十五歲之間面臨的挑戰尤其艱巨，據說這是人生最鬱卒的十年。大多數人在五十五至六十五歲經歷過渡期，當他們停止全職工作的時候，第二階段跟著結束。

請勾選你已經通過的人生重要關卡。

0

~80

成功的原則

PRINCIPLES FOR SUCCESS

RAY DALIO

瑞·達利歐 著　　諶悠文 譯

各界讚響

「瑞・達利歐曾給我非常寶貴的指導和忠告，你在《原則》一書中都能找到。」

——比爾・蓋茲（微軟聯合創始人）

「和他人分享人生經驗很重要，也很有益處，在這本引人入勝的書中，瑞以一種有趣和激勵的方式分享了他的經驗。」

——傑米・戴蒙（摩根大通執行長）

「瑞・達利歐擁有傳奇性的市場嗅覺，但他之所以能獨占鰲頭，是因為他總結並實踐了一套原則。每個有目標和夢想的人都能從《原則》裡獲益。」

——麥可・彭博（彭博新聞社創辦人、紐約市前市長）

「《原則》一書對我的領導風格產生了深刻的積極影響。」

——里德・哈斯汀（Netflix 創辦人）

「這是一本必讀之書。」

——馬克・貝尼奧夫（Salesforce 創辦人兼執行長）

「《原則》的字裡行間充滿智慧。」

——雅莉安娜・赫芬頓（《赫芬頓郵報》創始人）

「我希望在年輕創業時就看到《原則》。」

——馬克・庫班（NBA 達拉斯小牛隊老闆）

「瑞是我的心靈導師……《原則》改變了我的人生。」

——吹牛老爹（知名饒舌歌手）

「失敗和挫折往往帶給人們很大的痛苦，但只要讓自己能在這個過程中有更多反省與檢討，就有機會將這些痛苦轉化成人生成長的養分，相信每位讀者都能透過作者淺顯易懂的文字找到屬於自己的人生智慧。」

——郭書齊（創業家兄弟 & 松果購物共同創辦人）

穿越人生叢林、朝向目標邁進的指南針

朱文儀（臺灣大學工商管理學系暨商學研究所教授）

很高興在中年之際讀到這本書。它不只獻給作者已出生和未出世的孫子、孫女，也貼心含括所有覺得這本書有幫助的人。以本書區分的人生三階段來看，我正處於最追求成功的第二階段，三不五時回頭爬梳整理人生經歷，也展望未來，試圖創造價值。在翻閱書頁的過程中，不自覺跟著書中主角一步步展開旅程，逐漸體會到，這本書不只為人生中靈光乍現的感動時刻賦予意義，也為困頓挫敗的悲傷時刻提供解答。作者歸納了貫穿人生起伏曲折背後的共通法則，以提綱挈領的方式娓娓道來。這就是成功的原則。

書中許多原則和當代管理知識相互呼應。作者不以學院派語言來介紹管理知識，而改以說故事般的娓娓道來，更能深入人心。例如，「決定做什麼，鼓起勇氣去做」對企業而言就是使命與願景的形塑。正如每個人都必須依循內在呼喚，決定成為什麼樣的人；公司也必須勇敢堅定地表達「公司為何存在、我們想成為一家什麼樣的公司」。接下來，公司還必須透過一套分析架構，對自身所處的外部產業環境，以及公司內部的資源能力有客觀深刻的理解，也就是進行 SWOT 分析，這呼應了第二個原則：「知道事實是什麼，對於做出正確決定至關重要」。第三，「夢想＋現實＋決心＝成功的人生」提醒我們，光有好的企業願景、完美的 SWOT 規劃分析，並不足以成就一家偉大企業，還必須仰賴決策者的長期承諾與完美的執行力，才能帶領公司不斷突破提升。最後，達成目標的五步流程

（目標、問題、診斷、設計、執行），反映的其實是企業經理人「規劃—組織—領導—控制」的管理程序日常縮影；而「一切都有因果關係；現實就像一台恆常運轉的機器」，則和系統學派的觀點不謀而合。

很喜歡本書結尾的「練習你的人生旅程」，以具象條列的方式，呈現每個人在生命旅途的光譜位置。說穿了，大多數的人，都會自然而然歷經這三個階段，不論渾渾噩噩或警醒清明，日子終究都會這樣生老病死地過下去。但說到底，每個人都期望自己的人生澎湃精彩、充滿卓越價值。該怎麼達成呢？聽過一則寓言故事：伴隨唐僧西天取經的白龍馬，任務圓滿後告老還鄉，故鄉的馬匹朋友們紛紛來道賀，對白龍馬的成就羨慕不已。白龍馬說，何必羨慕我呢？其實我和大家都一樣，17 年來每日不斷辛苦地走；只不過我是朝著一個目的地前進，而你們卻是繞著磨坊轉圈子啊！期望這本書，成為每個人穿越人生叢林、朝向目標邁進時的指南針。

達利歐的思維模型，變成一篇精彩故事

雷浩斯（價值投資者／財經作家）

當瑞・達利歐的《原則》剛出版的時候，我深受震撼。我喜歡原則這本書，但還不太理解達利歐是怎樣的人。

這幾年來我不斷的重看《原則》，在疑惑的時候、挫折的時候，或者單純的閒暇時刻。隨著時間過去，我開始漸漸地了解達利歐，知道他思考的方式，對《原則》的執著，以及對社會大眾的愛。

《原則》很適合理工人閱讀，因為它就像是裡面寫滿了各種人生、工作疑難所需要的指導手冊一樣。

而這本繪本版的《成功的原則》則適合所有人閱讀，它讓達利歐的思維模型，變成一篇精彩的故事。

本書讓我印象最深刻的一幕，就是時間的河流所形成的「決策樹」，以俯瞰的角度來看，我們無數的決策流程變成了我們人生的方向，有時候你可能會暫時遇上死路，有時候可能會一路順暢，有時候可能會提早走到終點，有時候則是殊途同歸。

這些選項個個不同，唯一相同的只有一點：「一切不會重來」，所以你要把握現在。

既然一切不會重來，如何精煉我們的思考，讓我們往正確的方向前進？

達利歐的核心思維模型可以幫助我們。他最有力的原則是達成目標的「五步驟流程」，這個流程形成一個循環，循環本身不斷累積，逐漸轉換

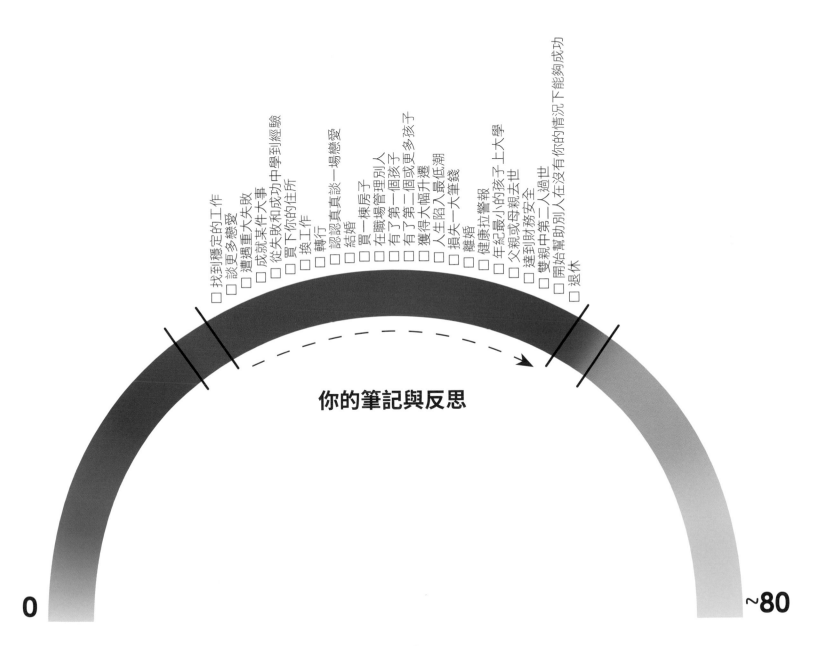

□ 找到穩定的工作
□ 談更多戀愛
□ 遭遇重大失敗
□ 成就某件大事
□ 從失敗和成功中學到經驗
□ 買下你的住所
□ 換工作
□ 轉行
□ 認認真真談一場戀愛
□ 結婚
□ 買一棟房子
□ 在職場管理別人
□ 有了第一個孩子
□ 有了第二個或更多孩子
□ 獲得大幅升遷
□ 人生陷入最低潮
□ 損失一大筆錢
□ 離婚
□ 健康拉警報
□ 年紀最小的孩子上大學
□ 父親或母親去世
□ 達到財務安全
□ 雙親中第二人過世
□ 開始幫助別人在沒有你的情況下能夠成功
□ 退休

你的筆記與反思

0

~80

152

第三階段

在第三階段，你會獲得更多自由，因為你已經退休，養育子女的義務已了，而且父母已經離世，不必承擔照顧的責任。你有充裕的時間與家人和朋友在一起，以及參與喜愛的活動。通常在這個階段開始抱孫子，一般來說是享受含飴弄孫天倫之樂（我可以證明這一點）。根據調查，七十歲到七十九歲是人生中最幸福的十年。第三階段的後期會過得比較艱難，因為開始失去朋友、失去配偶，身體病痛也增加。意想不到的是（至少對我而言），儘管在最後階段的最後時光，主觀的幸福感水準有所下降，但依然維持相對高檔直到生命盡頭，因為這時候人們富有生命的智慧和心靈的平靜。

請勾選你已通過的重要關卡。

0

~80

你的筆記與反思

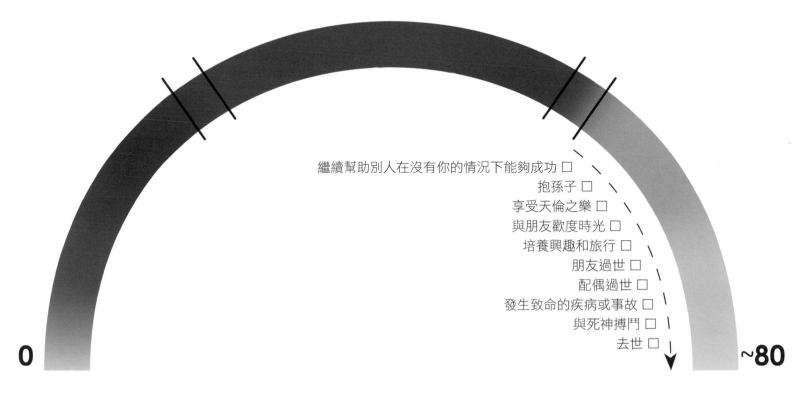

繼續幫助別人在沒有你的情況下能夠成功 □
抱孫子 □
享受天倫之樂 □
與朋友歡度時光 □
培養興趣和旅行 □
朋友過世 □
配偶過世 □
發生致命的疾病或事故 □
與死神搏鬥 □
去世 □

0

~80

規畫你的人生曲線

現在，你已經詳細了解每個階段，讓我們為你和你所關心的人進行通盤考量。首先在你的人生曲線上，自己所處的大略位置旁畫一個圓圈。接著在你所關心的人他們自己的曲線上的位置旁做標記，姓名或昵稱放在標記旁邊來表示他們的身分。

花幾分鐘嘗試想像一下，十年後你和他們會處於什麼位置，以及從現在開始到那時之間可能會發生什麼事，因為他們遭遇的事情將對你產生連帶影響，而你的經歷將牽動你和他們。例如，你或許會看到你的孩子（比你年輕二十五歲至四十歲）在十年後長大離家，而你的父母（比你年長二十五歲至四十歲）可能處在生命中的最後時光或已經過世，你則即將面臨職業生涯中最具挑戰的關卡。知道前方什麼事情在等著你和他們，你可以開始思考如何讓自己和他們在未來十年盡可能過得美好。你對下一個十年設想得越周全（例如，你需要多少錢和時間做什麼事），未來的路會走得越順遂。

因為尚未經歷過的事很難憑空想像，所以當你面臨新挑戰的時候，可以請過來人分享過去的經驗，以及他們面對困境時所遵循的原則。例如，如果你進入某一行業，可以請你尊敬的先進前輩談談這份工作的甘苦，包括這一行的發展和前景。你想要在某些方面成功，就向你歆羨的成功人士請教他們的成功之道和奉行的原則。請在這個圖上做筆記，如果你的筆記內容太多，使得這個圖變得複雜，另外在一張紙上畫一個或兩個曲線圖，並做文字記錄。

你會很慶幸有這些筆記和原則為參考，並且不斷調整改進。然後，當你過渡至你的第三階段，想要幫助別人在沒有你的情況下獲得成功的時候，你可以將這些原則傳達給他們。

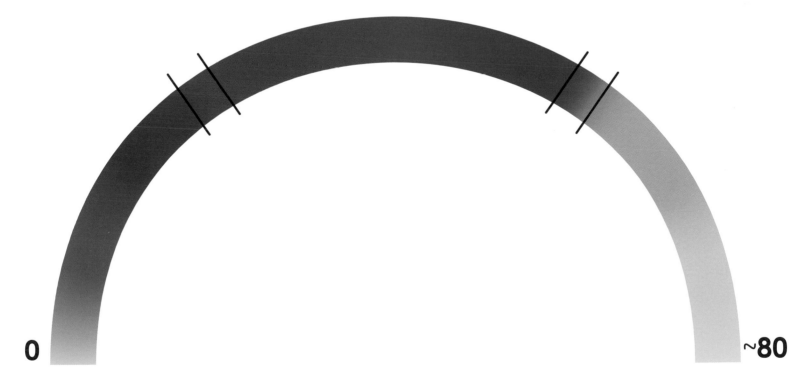

0

~**80**

156

哪裡找得到《原則》相關資訊

《原則：生活和工作》

這本達利歐的著作完整記錄造就其事業成功的一套獨特原則，已在全球銷售超過兩百萬冊。

《成功的原則：超迷你探險系列》(*PRINCIPLES FOR SUCCESS: AN ULTRA MINI-SERIES ADVENTURE*)

把《原則：生活和工作》一書濃縮成三十分鐘的動畫版，可以在 YouTube 頻道上觀賞，已有五百萬人次點閱。

社群媒體

在 Facebook、Instagram、Twitter 和 LinkedIn 上關注 @raydalio，他會定期回答有關其原則的問題。

實踐原則（PRINCIPLES IN ACTION）應用程式（APP）

這款應用程式收錄《原則：生活和工作》的完整內容、書中的原則在生活中實際應用的個案研究，以及編寫你自己原則的工具。目前可以在美國和全世界的蘋果 App Store 下載，安卓（Android）系統的應用程式也在 2020 年推出。

經濟的原則

如果你對經濟和市場感興趣，可以到 www.economicprinciples.org 網站，閱讀達利歐寫過的文章，他也分享其著作《大債危機：橋水基金應對債務危機的原則》（*Principles for Navigating Big Debt Crises*）。

或者到 www.principles.com 網站，可以找到所有相關資訊。